# اِبْنَةُ السُّلْطان

تأليف: د. طارق البكري

رسوم: نور التوبة

دار الرُّقيّ
للطباعة والنشر والتوزيع

دار الرُّقيّ

للطباعة والنشر والتوزيع

خـــلـــيــوي: 00961 3 235949

تلفاكس: 00961 7 920158

ص.ب: 4101 بيروت - لبنان

عاشَتِ الأميرةُ الصغيرةُ كهرمان ابنةُ السُّلْطان شَـرّهان في قَصْرٍ مثل الأحْـلام، تُزَيِّنُهُ الأشْـجارُ والأزْهارُ، وتَمْلَؤُهُ الأطيارُ بأعْذَبِ الألْحانِ...

القَصْـرُ كبيرٌ كبيرٌ... مَصْنُوعٌ من المَرْمَرِ واليَاقُوتِ... كُلُّ ما في القَصْرِ ثمينٌ... ستائِرُه... أبوابُه... بُسُطُهُ... سَرَائِرُهُ... كُلُّ شَيْءٍ من أَجْوَدِ ما يمكن أَنْ يَكُونَ.

الأميرةُ كَهرمان تعيشُ في هذا القَصْرِ بِرِفْقَةِ مُرَبِّيَتِها... الخَالة شُكْران، ويحيطُ بالقَصْرِ

مجموعةٌ من الحُرَّاسِ الأقوْياء...

لم تكُنْ كَهْرَمانُ راضِيةً عن عِيشَتِها، كلَّ هذا الرَّخاء، النَّعِيم، الثَّراء... تشعرُ أنه سِـجْنٌ... قُيـودٌ... حَواجِزُ... أشْياء تَحْجُبُها عـن النَّاسِ... عن أقْرانها البَنَاتِ... عن الشَّعْبِ.

القصرُ بعيدٌ عـن المَدِينَةِ... فـوْقَ رَبْوَةٍ عاليةٍ نائِـيةٍ... تُحيطُ بها الأسوارُ، ولا يمكنُ الوصولُ إلى القصرِ إلاَّ بإذن شخصيٍّ من السُّلْطان.

عاشَتِ الأميرةُ في هذا المكان مُعْظَمَ حياتها... بعيدةً عن أُمِّها السُّـلطانة نُورْهان وأبيها السُّـلطان شرَّهان... ولا تراهما إلاَّ في المناسبات المتباعدة.

كان السُّـلطانُ شرَّهان يخافُ على ابنتـه مـن

الشَّعْب... بِسَبَبِ ظُلْمِه وبَطْشِه، ويعلم أنهم يكرهُونه... يَخْشَى أنْ ينتقموا منه بقَتْلِ ابنته، كما يَخْشَى أن تَنْكَشِفَ صُورَتُه الحقيقية أمامَها، فهي تظنّه حاكماً عادلاً... نَزيهاً... يُحبُّ شَعْبَه، وشَعْبُه يحبُّه.. وهي تشعرُ أنه طيِّبُ القَلْب، فهو معها لطيفٌ، لطيفٌ، لم تَظُنَّ يوماً أن وَجْهَ أبيها الهادئ الوَقُورَ قناعٌ رقيقٌ لوَجْهٍ آخَرَ يعرفه الناسُ كلهم... ويَخْفَى عليها لوَحْدِها.

كان السُّلطانُ يَخَافُ أن تَعْرِفَ ابنتُه أسْرَارَهُ... أنْ تَرَى ما يَفْعَلُه بالشَّعْبِ من ظُلْم وجور... أبعدها عن عاصمة السَّلْطنة، بنى لها قَصْراً في منطقة نائية معزولةٍ، لا يَنْقُصُها شيءٌ ولا تحتاج إلى أَحَدٍ...

السُّلطانُ شرّهان كان مَرْهُوباً عند عامَّةِ الشَّعْبِ،

لا يَجْرُؤُ شخصٌ على مُخَالفة أوامره السلطانية ... يأمرُ فيُطاع ... يظلم فيُهاب ... من يعصيه يُكْوَى بالحديد والنار ...

الشعبُ يخافُ منه ويَخْشَى ظُلْمَه ... وهو ينقسمُ إلى أربعة أقسام:

قسمٌ: ينتفعون منه ... يَعيشُون على فُتاته وظُلمه للنَّاس، لا يفكّرون إلاَّ بما يَجْنُون من مَكَاسِبَ، يمدحونه ويعظّمونه ... هم أكثر الشعبِ بُغْضاً له وكراهية، خزائنهم مَلأَى بعطاياه ... وأيديهم مُلَطَّخَةٌ بالدَّمِ ...

وقسمٌ ثانٍ: يأتمرون بأَمْره ... يعملون في الجَيْشِ والسُّلطة والإدارة ... ينفذُ جرائمَه بواسطتهم، لا يستطيعون الرَّفْضَ، يخافُون على

أنفسهم وأُسَرِهِمْ من بَطْشــه وظُلْمـه، يحاولون أحياناً تَخْفيفَ الأحْكام عن الناس... وإذا اكْتَشَفَ السلطانُ واحداً منهم سَجَنَهُ وعَذَّبه دون رحمة...

وقسمٌ ثالثٌ: مُحَايدُون تماماً... يعيشـون بعُزْلـة... يرفضون بصَمْتٍ جُورَ السلطان وأفعالَه، يُفَضِّلون الأعمال البسـيطة البعيدة عن سُلْطَةِ السلطان... يعملون بالحِرَف والتِّجارة... يُغْمِضُون أَعْيُنَهم عما يَجْري حولهم، يَدْعُون رَبَّهم ليخلِّصَهم مما هم فيه... لكنهم لا يفعلون أي شـيء، أي شـيء... حتـى إنهـم لا يتكلَّمون فيما بينهم بأدْنَى أمر يتعلق بالسُّلطان وحاشيته.

أما القسمُ الرابعُ والأخيرُ: فقد كان متمرِّداً بقوة... رافضاً بعُنْف... لكل ما يقوم به السلطان من أفعال

مُنْكَرة... شِـرِّيرَةٍ... وفي هذا القسـم من الناس: أُدَبـاءُ وعلماءُ ومفكِّرون... فضلاً عن عامة الشّعْب، بعضهم دَخَـل الْمُعْتَقَـلات، بعضهم عُـذُب حتى مـات... منهم من هاجر إلى بلاد بعيـدة... ومنهم مـن لجأ إلـى الوِدْيـان والسـهول والجبـال: شَكَّلوا مجموعات سِـرِّيةً تقاومُ السلطان وشُـرُورَه، تلجأُ إلى مهاجمـة جنوده وقوافله، تَسْـتَوْلي علـى ما في هذه القوافل من سلاح ومَعَدَّات وتموين غذائيّ متنوِّع.

وهـذا القسـمُ الأخيـرُ أشـدُّ الأقسـام إزعاجـاً للسـلطان، يثيـر غضبه وحَنَقَـهُ، فيُصْـدِرُ أوامرَه الصَّارمـة باستخدام كل أسـاليب البَطْـش والقوَّة للقضـاء عليهم... ومع ذلك كانت أعدادُهم تزداد ولا تَنْقُصُ... وإمكاناتهم تَقْوَى ولا تَضْعُفُ...

❋ ❋ ❋

الأميرةُ الصغيرةُ الجميلةُ كَهْرَمانُ لم تَكُنْ تعرفُ عن ذلك شيئاً، حياتُها تَمْضي بشكل هادئٍ رَتيبٍ، تقرأُ الكُتُبَ الكثيرةَ المتنوِّعةَ، تمارسُ هواياتِها المُسَلِّيَّةَ... ترسمُ لوحاتٍ طبيعيةً جميلةً... تلعبُ بألعابها الفريدة التي أحضرها لها السلطانُ من جميع أنحاء العالم، تَشْدُو مع البلابل والحَسَاسين، تعيش مع الطبيعة الجميلة: تـزرعُ الـوُرُودَ والرَّياحين... تسـقي الأشـجارَ وتَقْطُفُ الثَّمـارَ... تُطْعِمُ الدّجاجَ والصَّيصانَ... تلعبُ... تلْهُو... تفرحُ... الحياةُ بالنسبة لها عالمٌ آخَرُ، غير ذلك العالم الذي يعيش فيـه الشـعبُ... عالم مستقلٌّ... لا جِـرَاحَ فيه ولا آلامَ... لا جُوعَ فيه ولا مَرَضَ...

❋❋❋

كانت الخالة شُكران مُرَبِّيَتُها تعرفُ كُلَّ شيء...
تتألمُ لما يحدثُ للشَّعبِ، تتجنَّبُ قَسْوَةَ السلطان
وظُلْمَهُ، تعلمُ أنه مَيِّتُ القَلْبِ، يعامل الناسَ
دون رَحْمة... حتى زوجته السُّلْطَانة نورهان،
لا يَعْبَأُ بآلام الناس، يَسْعَى لإرضاء غروره وحُبّه
المجنون للمال والسلطة، يحتقرُ الناسَ جميعاً،
يظنُّ أنه لو خَفَّفَ قَبْضَتَهُ عن الشعب لانْتَهَى
سلطانُه واضْمَحَلَّ.

الخالةُ شُكْران تعلم أنه آوَى إليه المجرمين
واللُّصوصَ، أعطاهم مكانةً عاليةً في المجتمع.
فبدلاً من أن يَرْمِيَهُمْ في السُّجُون التي صُنِعَتْ
أصلاً لأمثالهم، سلَّمهم أكبر مراكز السلطنة،
فقاطِعُ الطُّرُقِ أصبح وزيراً للأمْنِ، وعَدُوُّ العلم

أصبـح وزيـراً للعلـوم وهو لا يعـرف كيف يكتب اسمَه، ووزيرُ الثقافة لا علاقة له بالثقافة... وهكذا جعلهم في أماكن لا تَلِيقُ بهم، فعاش أفرادُ الشعب في دَوَّامة لا يستطيعون الخلاصَ منها...

❋ ❋ ❋

الخالةُ شُكْران تعرف هذا وأكثر، لكنها تحبُّ الأميـرة الصغيرة، فقـد وُلِدَتْ علـى يديها... ولا تستطيع التَّخَلِّي عنها، لم توافقْ يوماً على ما يفعله السلطان لكنها ضعيفةٌ... لا تَجْرُؤُ حتى على النظر في عينيه، كما أنها سـعيدةٌ برفقة الأميرة كهرمان، وتخشـى أن تكتشـف الأميـرة في أحـد الأيام ظُلْمَ أبيهـا... فهي طيبـةُ القَلْبِ تَرْفُض ظُلْمَ الآخرين، حتـى الحيوانـات الصغيـرة تخـاف عليهـا... فلو

علمـتْ أن أباها يقـوم بـكل ذلك السُّوءِ لأُصِيبَتْ بِحَسْرَةٍ شديدة... وربّما سقطت من هَوْلِ الصَّدْمة.

٭٭٭

الأميـرةُ كَهْرمان لم تكن سـعيدةً بحياتها، رغم كل مـا يُحِيطُها من فخامة وثَرَاءٍ، كل هذا لا يَعْني لها شيئاً، لا تشعرُ أنَّها تعيش عِيشَة سَوِيَّةً، تريد أن تكون مع أُسْرتها في مكان واحد... كلما سألت أباهـا عندمـا يزورُها مع أمّها عن نُدْرَة زياراتهما إليها، عن سـبب عزلتها ووحدتها، وترجوه أن يأخذها معه... تسـمعُ جوابـاً لطيفـاً منه، يختلف تمامـاً عن أسْـلُوبه مع الآخرين... يقول لها: «هذا المـكانُ فيه كل مـا تَرْغَبين فيه، أنا أخشـى عليكِ مـن المدينـة... فقـد تتعرَّضين للأخْطـار... كما

أن المدينة مليئةٌ بالعُمَّال والجُنُود والمصانع والضَّجيجِ... فلماذا نُزْعِجُكِ بكل هذا؟».

*** *** ***

الأَميرةُ كهرمانُ قَلْبُها طيِّبٌ طيِّبٌ... تُصَدِّقُ أباها وتقتنعُ بسُرْعة، لكن عندما يعود أبوها وأمُّها إلى المدينة، تعود هي إلى وَحْدَتِها، ويصبحُ القصرُ الضخمُ الرائعُ سجناً يَحْوي كُلَّ وسائل التسلية والتَّرْفيهِ...

*** *** ***

في كل ليلة... تجلسُ في ضَوْءِ القَمَرِ... تتأمَّلُ السكونَ... تفكرُ في حياتها... «هل سأظلُّ في هذه الوحدة طوال حياتي... لا صديقة، لا زَوْج،

لا ولد....؟».

صارتْ تَحْلُمُ بفارسٍ يأتي من بعيد يحملُها على حصانـه الأبيض، يخطفها مـن هذا القصـر، لتَعِيشَ بيـن الناس حياةً طبيعية ولو في كُـوخ حَقير، تعيشُ ببسـاطة... نَعَمْ ببساطة... ولو أكلت خبزاً جَافّاً... وقَرَصَها البردُ والجُوعُ...

✻ ✻ ✻

مسـكينةٌ كهرمانُ كم هي طيبـةُ القَلْبِ، ما أَدْرَى هذه الأميـرة بَقَرْصات الجُوع والبرد... هل ذاقت يوماً طَعْمَ الألم والتشرُّد والظُّلم...!؟

كان قلبها يُرَدِّدُ:

«كرهـتُ القَصْرَ... كرهـتُ الحَيَـاةَ... آه لـو

تتحقق أُمْنِيَتي وأعيشُ في كُوخ بَسِيط... في أسرة
فلَّاح فقير... بدلاً من كل هذا الثَّراء، وهذه الحياة
السلطانية المَرِيرَةِ... أشعرُ أنني في سِجْنٍ لا
خَلاصَ منه...».

* * *

كانت الأميرةُ الجميلةُ كهرمان أحياناً تخرجُ
بعد أنْ تستأذنَ مُرَبِّيَتَها الخالةَ شُكران من نَفَقٍ
سِرِّيٍّ، في غَفْلَة عن حُرَّاسِ القَصْر، تَمْتَطي فَرَسَها
الرمادية، تنطلقُ برشاقة، تطيرُ بالأميرة من مكان
إلى مكان، تقفزُ عالياً في الهواء... ثم تحُطُّ
أقدامَها بِرفْقٍ فوق التُّراب كأنها تلامسُ الأرْضَ
بحوافرها، تشعرُ الأميرةُ بالخِفَّة والرِّقَّةِ... كأن
الفرسَ تعلمُ أنَّ على ظهرها أميرةً طيبةَ القَلْبِ.

ليس من عادة كهرمان أن تتأخَّرَ حتى لا يكتشفَ أَحَـدٌ غِيَابهـا، فلا يعودُ باسْـتِطاعتِها الخـروجُ مرَّةً ثانية...

حفظتْ كهرمـانُ كُلَّ أطراف الوديـان والجِبَال الَّتِي تُحِيط بالقَصْـرِ، لـم تكـن تبتعدُ كثيـراً حتى تَعُـودَ بسرعة... صَادَقَتْ كُلَّ الأزهار والأشـجار والأطيـار، أَلِفَتِ الأمْكِنَةَ كما يألـفُ الإنسانُ الإنسانَ.

شَـــعَرَتْ أنها تُشْبِهُ كُلَّ شيء في الطبيعة، بل إنها شـيءٌ من الطبيعـة... ماءٌ في النهـر... أو وردةٌ في البسـتان... تطيرُ مثل النَّسيم... تحملُ طفولَتها... شبابَها... رُوحَها التَّوَّاقَةَ للحريّة...

للمرة الأُولَى تترك الفَرَسَ تقودُ نفْسَها... تَنْسَى

أنّ عليها العودةَ إلى القَصر بوَقْتٍ قصير... تنسى
ضَـرُورَةَ عَدَم الذّهاب بعيداً... نَـسِـيَـتْ أنها أميرةُ
هـذه الوديان والتلال والجبالِ... صارت فراشـةً
تَهِيمُ في الحُقُولِ...

٭ ٭ ٭

فَجْأةً...

انْزَلَقَتْ قَـدَمُ الفرس وهـي تَرْكُضُ على حافّةِ
منحـدرٍ شَـدِيدِ الوُعُـورَةِ... انقلبت الفرسُ على
رأسها... طارت الفتاةُ هذه المرة طيراناً حقيقياً...
طارتْ أكْثَرَ من خمسة أمتار... ثم حَطَّتْ فوق
الرِّمَـالِ والصُّخُـور... الفرسُ المسـكِينةُ انْقَلَبَتْ
في اتِّجاهٍ آخَرَ... المنحـدرُ جَذَبَها بقوّة لِثِقَل
وزنها... انقلبـتْ حيناً على رأسها... وحيناً آخر

على جَنْبِها... ثم مُؤَخَّرَتِها... وظلَّتْ تنقلبُ... وتنقلبُ... وتنقلبُ... وصَدَى صَوْتِها الصاخب يترَدَّدُ في أنحاء المكان... حتى استقرَّتْ في قَعْرِ الوادي... وتَبَدَّدَ صوتُها تماماً.

❈ ❈ ❈

الأميرةُ الجريحةُ لم تَفْقِدْ وَعْيَها لحظةً واحدةً... عَاشَتْ تفاصيل الحادث المُرَوِّع، شاهدت الفَرَسَ تَتَشَقْلَبُ على المُنْحَدَرِ... كان المنظرُ مُرْعِباً... لأَول مَرَّة في حياتها تشعرُ بالرُّعْب... بالهَلَعِ... تشعرُ أنَّ المَوْتَ قريبٌ منها... تراه بعينيها...

الأميرةُ المسكينةُ عاشت الألَمَ الفَظيعَ... ذَاقَتْهُ للمَرَّةِ الأُولَى، صارت تَجْهَشُ بالبُكاء... مشهدُ الفَرَسِ وهي تتلَوَّى من الألم غَلَبَ الجِراحَ الكثيرة

22

التـي أصابَتْهـا، غَرِقَتْ بالبُكاءِ حُزْناً على ما أصاب الفـرسَ... الدموعُ انهمرَتْ من عينيهـا بكَثْرةٍ لأول مَـرَّة... من هَـوْلِ الصَّدْمَة لم تَشْعُرْ بالدماء تُغطِّي قدميها... لم تَظُنَّ أن حادثاً مُؤْسِفاً مثل هذا سيصيبُها يومـاً مـا... حاولت الوُقُوفَ... الألمُ الفظيعُ سَـرَى في عظامهـا مثل البَـرْق... أدركـتْ أنها لـن تَقْوَى علـى التحرُّك مـن مكانها، بدا شَبَحُ الموت يخيِّم فوقَ رأسها... تشعر أنه يَدْنُو منها... سيصيبُها كما أصابَ الفَرَسَ المسكينةَ... فمَنْ ذا الذي يستطيعُ اكْتِشـافَ مَكَانِها... «سأنْزِفُ حتى الموت»... لم تستطِعْ مقاومةَ هذا التصوّرِ... صار الألـمُ أقْوَى منها... ضَعُفَتْ أمامَهُ... استسلمتْ... ازْدَادَ بسرعة حتى غُشِيَ عليها، وفَقَدَتْ وَعْيَها تماماً...

❋ ❋ ❋

الخالةُ شُكْران أُصِيبَتْ بقَلَقٍ شَدِيدٍ... «هذه أوّل مَرَّة تتأخرُ كهرمانُ عن العَوْدة»...

انتظرتْ بَعْضَ الوقت... «الشمسُ تكاد تَغِيبُ... والأميرةُ لم تَرْجِعْ بَعْدُ».

الحُرّاسُ اكْتَشَفُوا غِيَابَ الفَرَسِ الرَّمادية... بدأ الذُّعْرُ يَدُبُّ بينهم.

الخالةُ شُكْران أَدْرَكَتْ أَنَّ سُوءاً قد وَقَعَ...

«لا بُدَّ من إِخْبَارِ السُلْطانِ في الحال».

لم تَخْشَ شُكْران انتقامَ السلطان منها... لم تخْشَ أَنْ يَتَّهِمَها بالتَّقْصِير والإهمال... هي أكثرُ الناس معرفةً ببَطْشِ السلطان وجَبَرُوته، فكيف في أمرٍ يَخُصُّ ابنتَه الوحيدة.

ومع ذلك يجبُ التحرُّكُ بسـرعة... ربما تكون الأميرة في خَطر وتحتاج لمساعدة.



على الفور أطلقت شُـكران سِـرْباً من الحمام لا يُطلَـقُ إلاّ عند الخَطَـر، ينطلق بقوة وسـرعة بالغة نحو قصر السـلطان، فيعلم السـلطان أنّ سُـوءاً قد حَصَلَ لابنته، هذه الطريقةُ أَسْرَعُ من إرسال فارس يَقُـودُ أَقْـوَى خُيُـولِ السـلطان... فالأمـر لا يحتملُ تَضْييعَ لحظةٍ واحدةٍ.

حَضَرَ السلطانُ بوقت قصير برفْقَةِ مجموعةٍ كبيرة مـن الجُنُـود، بحثـوا في كل مكـان، لـم يترك الجنودُ شِـبراً إلاّ وبحثـوا فيـه... صَعِـدُوا الجبـالَ... نزلوا الـوديـانَ... تَتَبَّعُـوا كُلَّ أثرٍ ممكن... نزلوا النَّهَرَ...

«ربما كانت الأميرة تسبحُ في الماء».

لكنهم ما وَجَدُوا شيئاً...

السلطان اسْتَدْعَى مَزيداً من الجنود...

استمرَّ البحثُ أيَّاماً وأيَّاماً... في اللَّيل وفي النهـار... لـم يسـمح السـلطان للجنـود بالراحـة والنوم... كثيرٌ منهم نام فوق خُيُولهـم... لم يَجْرُؤا على العودة دون اكتشاف مكان الأميرة...

❈ ❈ ❈

أما السلطانُ فقد خرج بنفسه يبحثُ عن ابنته...

يحملُ سوْطَهُ يضربُ الفرسانَ والجنودَ ليبحثوا بجَدٍّ دون تكاسـل... حضرَتْ فرقةٌ صغيرةٌ ماهرةٌ بالتَّسـلُّق... قال قائدُها للسـلطان: إنهـم وجدوا

فَرَسَ الأميرة هالكةً في قَعْر الوادي السَّحيق وعليه
أن يرسِل الجنودَ إلى ذلك الوادي ليبحثوا في كل
ناحيـة فيـه... تجمَّع الجنـودُ كلُّهم هنـاك... ومن
خَشِيَ النزولَ في الوادي أمر السلطانُ بقَتْله... لم
يكن بعضُ الجنود يعرفون تَسَلُّقَ الجبال والنزولَ
في المُنْحَدَراتِ، وأكثرهم لا يملكـون المَعَدَّاتِ
اللازمة... فسقط منهم الكثير في الوادي ومات...
والسلطان لا يُبالي بصُرَاخهم وآلامهم...

❊ ❊ ❊

أحَـدُ القادة المقرَّبيـن مـن السـلطان يَئِسَ
مـن العُثُـور على الأميـرة، تأكَّـدَ أن لا أثَـرَ لها في
الـوادي... خَشِـيَ أن يَمُـوتَ الجنـودُ كُلُّهم وهم
يَسْقُطون في قَعْرِ الوادي بالعَشَرات...

اقْتَرَبَ من السلطان مُنْحَنيَ الرأس... اسْتَعْطَفَهُ أن يَسْمَحَ له بالكلام... أشار إليه السلطانُ...

قال القائدُ للسلطان:

«مَوْلايَ العظيمَ... الجنودُ يَهْلَكُون... مَضَى على البحث أيامٌ ولم نَجِدْ شيئاً... لو كانت مولاتي الأميرةُ سقطتْ في قَعْرِ هذا الوادي فمِنَ المستحيلِ أن تكون على قيد الحياة... والذِّئابُ سَوْفَ...».

لم يَكَدِ القائدُ يَتَفَوَّهُ بهذه الكلمات... وقبل أن يُكْمِلَ كلامَهُ... أشار السلطانُ إلى جنديّ قُرْبَهُ آمراً بقَطْعِ رأس القائد... فنفَّذ الأمر على الفور دون أن يقول السلطان كلمةً واحدةً.

عندمـا رأى الجنـودُ مـا حـدثَ لقائدهـم...
أصابهـم الرُّعْبُ الشـديدُ، سَرَى الخـوفُ بينهم،
صاروا يَرْكُضون كالمجانين في كل جانب، عسى
أن يجدوا شيئاً يُهَدِّئُ السلطانَ الظالم، لكنَّ واحداً
منهم لم يكن تَمَنَّى اكتشـافَ الأميرة ميتة خَوْفاً من
بَطْش السلطان.

٭ ٭ ٭

في هذا الوقـت كانت الأميرةُ الجريحةُ كَهْرَمَانُ
تَتَعَافـى وتستعِيدُ وَعْيَهـا في مكان آخـر لا يعرفُ
جنودُ السلطان مكانَه.

في كهفٍ بعيدٍ بعيدٍ... في بَطْنِ جبلٍ شَـدِيدِ
الانْحِـدَارِ... كانـت الأميرةُ مُمَـدَّدَةً على فراشٍ
بسيط تحاول فتْحَ عينيها دون أن تعلم أين هي وما

حدث معها بعد تلك الحادثة الرهيبة؟!

اكتشفتْ أنَّ مجموعةً من الرجال عثروا عليها مُلْقاةً في الوادي مُضَرَّجَةً بدمائها... كان من بينهم رجلٌ يعرفُ بالطِّبِّ، حملوها فوق خَشَبَةٍ... ونقلوها بعناية إلى هذا الكَهْفِ، طَمَسُوا آثارهـم، أخْفَوْا دِمَاءَ الفتـاة وغَطُّوها بالتُّراب حتَّى لا يكتشفها أحدٌ ويعرفَ جنودُ السلطان مكانهم فيبطشوا بهم.

الطبيبُ عالج جِرَاحَ الأميرة وكُسُورَها... يَحْقِنُها بالدواء ويُمدُّها ببعض الغذاء السائل حتى تتغلب على ما أصابها وتستعيدَ صِحَّتَها...

فَتَحت الأميرةُ كهرمانُ عينيها... لم تَسْتَطِع الـكلامَ... علمـت أنّ هؤلاء الرجـال أنْقَذُوها من المَوْتِ... لكـن مَنْ يدري... لا شـكَّ أنهم قُطَّاع طُرُقٍ... هاربـون مـن القانـون... مُجْرِمـون... لصوصٌ... بالتأكيـد هـم لصوصٌ... فلماذا هم يسكنون في الجبال؟!

٭ ٭ ٭

حَمَدَ الطبيبُ ربَّـه على سلامة الفتـاة... جاء مجموعـةٌ من الرجال والنساء يُهَنِّئُون الفتاة على سـلامتها... طلـب منهـا أحَدُهـم أن تخبرهم عن مكان أُسرَتِها... هم بالتأكيد قَلِقُونَ على ابْنَتِهِمْ...

لم تتكلم الأميرةُ بكلمة واحدة...

اعتقـدوا أنهـا لا تـزال مريضـةً... الصَّدْمَةُ أخْرَسَتْها...

الطبيبُ طمْأنَها أنها أصبحت بخيرٍ ولا يوجدُ خطرٌ على حياتها... لكنها لا تستطيعُ الحِراكَ الآن ففي ذلك خطرٌ عليها.

وكان مع الرجـال بِضْعَةُ نِسَاءٍ مِّنَ بخدمـة الأميرة... غَسَلْنَ جسدَها وثيابها وصِرْنَ يُطْعِمْنَها بلُطْفٍ ومُوَاساةٍ لها.

الطبيبُ يأتي إليهـا من حيـن إلى آخر يطمئنُّ عليهـا، يُسْمِعُها كلامـاً جميلاً، يقول لهـا إنها في عُمْرِ ابنتـه، ثـم يتركُها باحتـرام مثلمـا دخل دون أن يعرف مَنْ هي، لكنهم كانـوا متأكدين أنها ابنةُ أُسَرةٍ كريمة ثَرِيَّةٍ بسبب الثياب التي كانت ترتديها،

وظنوا أنّها قد تكون هاربةً من أُسْرتها لسبب من الأسباب.

* * *

لاحظت الأميرةُ كهرمانُ أن الرجالَ والنساءَ لطفاءُ معها، لكنها ظَلَّتْ خائفةً من أن تقول لهم إنها ابنةُ السلطان، فربما يَطْلُبُون من والدِها مبلغاً كبيراً من النُّقودِ الذَّهبية، وربما يعذِّبونها أو يقتلونها...

فكَّرَت الأميرةُ: «لكن كيف يكونُ هؤلاء الرجالُ مُجْرِمِينَ؟!».

سَمِعَتْهُمْ يتحدَّثون إلى بعضهم البَعْض... عرفت أنَّ بينهم الطبيبَ والشاعرَ والمهندسَ

والرسامَ والعالِمَ والمُؤَلَّفَ...؟!

في كل لحظة كانت تزدادُ احْتراماً لهم...

سَمِعَتْهم يتحدَّثون عن الثورة... عن ظُلْم السُّلْطان للشَّعْبِ... عن جُوعِ النَّاس... عن آلامهم... عن القَهْرِ الـذي يَعِيشُونه... عن السُّجُون... عن القَتْلِ... عن التعذيب...

سَمِعَتْ كلماتٍ مثل: جَوْرِ السلطان... جَشَعِ السلطان... المساجين... القَتْلَى... السجون...

سَمِعَتْ أشياءَ وأشياءَ لم تكن تتصوَّرْ وُجودَها... لم تتوقَّعْها يوماً... اكتشفت الظلمَ الواقعَ على النـاس... وأنَّ أباها يسرقُ مالهـم وقُوتَهُمْ وحياتهم...

حاولت أن لا تصدق...

«كاذبون... كاذبون...».

صارت تَصرُخُ في أعماقها:
«لكنهـم طَيِّبُـونَ... لُطَفَـاءُ... يعاملونـني بـكُلِّ احْترام».

«تُـرَى مـاذا سـيفعلون لـو اكتشـفوا أنـني ابنـةُ السلطان؟».

❋ ❋ ❋

فجأة جاء رجلٌ على عَجَلٍ...

«السلطانُ يبحثُ عن ابنته المفقودة».

سَـمِعَتِ الأميرةُ الخَبَـرَ... قالت: «سـيقتلونني بكُلِّ تأكيد».

لكن مُعَامَلَتَهُم لها لم تَتَغَيَّرَّ...

جـاء الطبيبُ، ابْتَسَـمَ لهـا كمـا ابْتَسَـم لها أول

مَرَّةٍ...

«الحَمْدُ لله... أنتِ بأفضل حال اليـوم يـا ابنتي...».

«مـا رَأْيُكِ أن تأخـذي الآن فَرَساً مـن أَجْـوَدَ خُيُولِنـا وتتوجَّهي إلى أهلـك... لا بد أنهم قَلِقُونَ عليك...».

«لكـن سِيرِي بهـدوء حتـى لا تتضـرَّري.. فجِرَاحُكِ لم تَلْتَئِمْ بَعْدُ...».

لم تُصَدِّق الأميرةُ الجميلةُ كَهْرَمانُ ما تسمعُ...

«أهذا حُلُمٌ أم حقيقةٌ؟!».

أدركَ الطبيبُ ما في عينيها.

«مـا كُنَّا لنَفْعَلَ ما تُفَكِّرين بـه، لا ذَنْبَ لك أنك

ابنة السلطان... نحن لسنا بمجرمين كما يقولون عنّا... اذهَبي يا ابنتي... اذهبي... فالناسُ تموتُ الآن من أجْلِكِ».

الأميرةُ كهرمانُ لم تكن تصدقُ كُلَّ ما سَمِعَتْه عن أبيها، تريد إثْباتَ العَكْسِ لهم جميعاً، فوالدها لطيفٌ جدّاً معها، وهي لم تتوقَّعْ أبداً أن يكون كما يقولون...

رَكِبَتِ الأميرةُ فرساً قَوِيَّةً... وَدَّعَتِ الرّجالَ... شكرت النساءَ لعنايتهنَّ بها... سارت الفرسُ بهدوء إلى وجهة لا يعرفُها هؤلاء الرجال...

سلكت الأميرةُ طُرُقاتٍ سِرِّيَّةً، ودخلت أنفاقاً لا يعرفها جنودُ أبيها... وصلت إلى قَصْرِها المَرْمَرِيّ... ودخلت غرفةَ مربِّيتها شكران...

كاد يُغْمَى على شُكران من المفاجأة...
تمالكتْ نَفْسَها، حَضَنَتِ الأميرةَ، وصارت تبكي
من الفَرَحِ...

قالت الأميرةُ:

«خالتي شُكران، سأسألُكِ سؤالاً واحداً: هل
أبي ظالمٌ بِحَقِّ الشعْبِ؟».

أَحْنَتْ شُكران رَأْسَها... لم تكن تتوقعُ هذا
السؤالَ أبداً...

«مولاتي».

«أرجوكِ يا خالة... أجيبيني».

«كلامٌ فارغٌ... منْ وَضَعَ في رَأسِكِ هذا
الكلامَ؟»...

«أجيبيني» ...

«لنَذْهَبْ أوّلاً إلى أبيـك... إنـه غاضبٌ جدّاً بسبب غيابك».

جلسـت الأميرةُ علـى سـرير الخالـة شُكران وقالت بصوتٍ كَئِيبٍ:

«الآن تأكدتُ أن ما قالوه هو صحيحٌ وصادقٌ ... يَقْتُلُ الناسَ... يسـرقُ بيوتهـم ويأخذ أرَاضِيَهُم وممتلكاتهم بالقُوَّة...

ويَحْرِمُ أولادَهـم مـن كل شـيء... إن أبـي مجرمٌ... مجرمٌ» ...

الأميـرةُ تَبْكـي بمـرارة... والخالـة شُـكران تحضنها وتضمُّها إلى صَدْرها...

قالت الأميرةُ بإصرارٍ:

«لَـنْ أعيـشَ هنا بعد اليوم... لـن أقبـلَ الحياةَ المُنَعَّمَةَ والناسُ يموتون من الجوع والألم بسبب ظُلْم أبي».

خافـت الأميرةُ كهرمان أن تواجـهَ أباها بأفعاله... سوف ينتقمُ من الناس أكثر... سوف يَسْجُنُها ويَمْنَعُها مـن لقـاء الشـعب كمـا كان يفعـل طـوال حياتها... ولكنها هذه المرة ستفعلُ ما يَجِبُ أنْ تفعله...

❋ ❋ ❋

قَـرَّرت الأميرةُ كهرمان الانضمـام إلى صفوف المقاومين من الشعب... ومقاومة السلطان...

قالت للخالة شُكران: «تعالي معي...».

أجابتهـا: «أنـت لا تحتاجيـن اليـوم إلى امرأة عَجُوزٍ كبيرة مثلي... لقد كَبِرْتُ...».

انطلقـت الأميـرةُ عائـدةً إلى الجبـال... إلى الكَهْفِ الذي جَاءَتْ منه.

❋ ❋ ❋

جُـنَّ جُنونُ السـلطانُ عندمـا علم أن ابنتـه حَيَّةٌ تقاتلُ في صفوف أعدائه...

نعـم... قاتلـتْ معهـم بعُنْفٍ... تلك الفتـاة المُرَفَّهَـةُ البسيطةُ، تعلمـت كيف تقاتلُ... كيف تَحْمِلُ السِّلاح... لتُحَارِبَ جُنُودَ السـلطان وهم يحاولـون الاعتداء على الناس والاستيلاءَ على أملاكهم بقُوَّةٍ، مُتَسَلِّحِينَ بأمْرٍ من السلطان...

اِنْتَشَرَ الخَبَرُ مثل النار في الهَشيمِ...

«ابنةُ السلطان تقاتل أباها من أجلِ الشَّعْبِ»...

سَـرَتْ في أوصال الشـعب رُوحُ الثورة والعِزَّة والكرامة...

شَعَرَ الشعبُ بقُوَّة هائلة...

ثار الشعبُ كُلّه...

حتى جيشُ السلطان لم يَعُدْ ينفّذُ كُلَّ أوامره...

بدأ السلطانُ يَفْقِدُ قُوَّتَهُ شيئاً فشيئاً...

انقلبَ الجيشُ على قائده...

أمْسَـكُوا السـلطانَ وزَجُّوا بـه في السِّـجْنِ...

اجتمعَ الناسُ يَهْتِفُونَ بحياة ابنته الأميرة كهرمان...

طالبوا بأن تكون سلطانةَ مكانَ أبيها...

الأميـرةُ كهرمانُ رَفَضَتْ ذلك... لـم تُفَكِّرْ يوماً أن تكونَ سلطانةً، لا تُحِبُّ القُصورَ... لكنها طلبتْ مِنَ الشَّعْبِ أمراً خاصاً... صارت ترجو الناس الصَّفْحَ عن أبيها... أن يَسْمَحُوا له بالرَّحِيلِ بعيداً بعيداً...

توَسُّـلاتُ الأميـرة كانـت أقْوَى مـن كل جرائم أبيها... الناس طيّبون... لم يكن الانتقامُ هَدَفَهُم... تركوه يغادرُ بلادهم وحيداً بعدما زَوَّدُوهُ بقليل من الطعام والمال...

رَحَـلَ السـلطانُ... اخْتَفَـى... لـم يَعُدْ الناسُ يسمعُ أي خبر عنه منذ ذلك الحين...

❋ ❋ ❋

لم تسكن الأميرة كهرمان قصراً...

عاشت كما أرادت... مِثْلَ الشَّعْبِ... لم يسكنْ أَحَدٌ ذلك القَصْرَ المَرْمَرِيَّ... الناسُ لا يحبُّون سُكَّانَ القُصُورِ المَبْنِيّةِ على جراحهم...

عاشـت كهرمان بعد ذلك عمراً طويلاً... نَسِيَ الناسُ مـن هـي... لكنهـم لـم يَنْسَوْا قِصَّتَهـا... تزوجتْ ابْنَ الطبيبِ الذي عالجها في الكَهْفِ... كان إنسـاناً بسـيطاً، لكنـه يعـرفُ تمامـاً... قِيمَـةَ الحُبِّ، العدالة... الرحمة والحرية.